DE ENGELBEWAARDER

Een hommage aan twee bijzondere katten

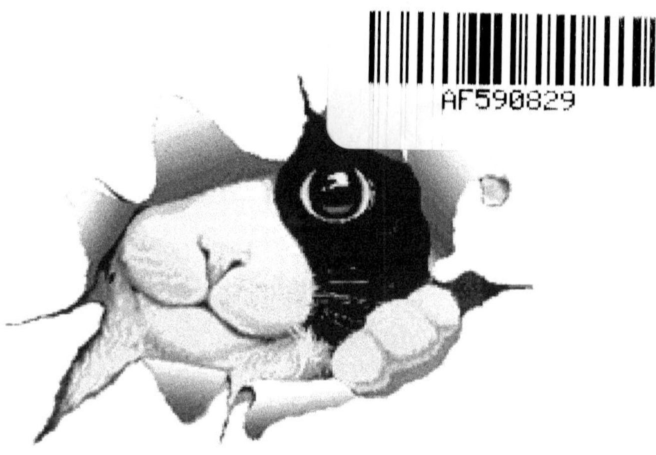

Een verslag van "Pluimpje"

De Engelbewaarder

1st Druk 2011

Uitgever : LULU.com

ISBN 978-1-4477-3246-4

Zover zij konden nagaan hebben zij altijd al katten in huis gehad, het waren altijd van die beesten die op een boerenhof beter tot hun recht zouden komen . . . . maar ja, zij moesten ze zo nodig in huis houden . . . . en jawel hoor, als ze s'ochtends de achterdeur maar even open deden, kwam er iets als een bliksemschicht langs hen heen schuiven regelrecht naar de voerbak, en inderdaad, hij, hun huiskat, kwam even binnen om zijn ingewanden vol te stouwen met kattenbrokken, en om vervolgens, al tegen de moeheid vechtend, op een of andere stoel te kruipen. Na nog een intensieve was-en likpartij volgde een diepe zucht en was hij tot tegen het donker worden verder niet meer aanspreekbaar. De weinige keren dat hij binnen vertoefde was dan ook omdat het buiten pijpenstelen regende of dat er metershoge sneeuw lag, maar dat is een periode die zij evenmin leuk vinden. Het ergste was wel als ze in de zomer met het raam zijd open, sliepen, ze ruw gestoord werden omdat een stel van die katten vlak onder hun raam probeerden de eerste akkoorden van het Slavenkoor onder de knie, pardon, de poot te krijgen. En zij zwoeren wraak, dat wel, maar tot de uitvoering kwam het eigenlijk nooit: daar waren ze teveel kattenmensen voor. Zij leefden namelijk in de veronderstelling dat alle katten, op het moment dat zij op hun drempel verschenen, ons onherroepelijke tot "Dienaar" promoveert zonder ontslagrecht.

Er zijn een aantal redenen te bedenken waarom je je het avontuur aangaat om een kat in huis te nemen: je bent niet van plan om met een hond gedurende de jaren dat beest leeft dagelijks minimaal drie keer rond te gaan in wind en weer, wel te verstaan Of het moet zijn om je de buurman te pesten omdat zijn hond constant aan het blaffen is!

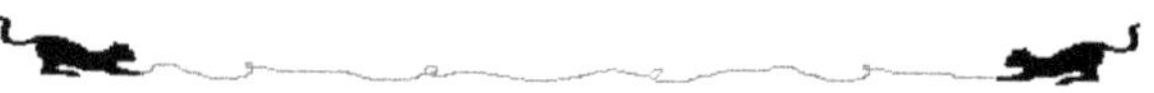

Natuurlijk blaft hij nu nog meer, maar nu ook binnen. Of je neemt een kat omdat je het leuk vindt.

Door een tragische omstandigheid was een van de "scheurtanden" van hun Pluimpje, *ja zo heette hij*, gebroken.

Zij woonden toen nog onder de rook van een klein stadje in een nieuwbouwwijk, je weet wel; een aaneenschakeling van een-gezinshuizen, tuintje voor, tuintje achter, voordeur voor en achterdeur achter - hoe kan het ook anders? Zij kregen diep respect voor de architect die blijkbaar ook een snelcursus binnenhuisarchitectuur had gevolgd voor de inrichting van bedoelde huizen die je met een blinddoek op in kon lopen zonder ergens tegenop te botsen. Alle inrichtingenstukken stonden op de zelfde plaats, in ieder huis begrijp je, het kon niet anders.

Vroeg in de morgen vertrokken hordes mannen naar de "fabriek" op de fiets , broodtrommel onder de snelbinder. Later in de morgen zag je hier en daar vrouwen tevoorschijn komen, ingepakt met krulspelden of een hoofddoekje op – nee geen moslima's die waren er toen nog niet en zij waren hen enkel bekend uit de verhalen van duizend een nacht - al of niet hun kroost uitzwaaiend dat naar school moest. . . . *stilte*. . . . . .tot na schooltijd, als het plein achter hun huis bewoog in het geluid, naar wat leek duizenden schreeuwende en gillende kinderen en ertussen één kat. . . Pluimpje.

Pluimpje was komen aanlopen van de buren vijf huizen verderop en bleef maar in onze tuin rondscharrelen. Hij had een goede relatie met onze kinderen opgebouwd en bereikte via hen zo onze keuken, en U raadt het al, in "No Time" was er een etens-bak;

een in onbruik geraakte schotel van wat ooit een compleet servies was.

Uiteindelijk kwam dan toch de vraag van de kinderen, die wij al langer hadden verwacht, ”*mogen zij de kat bij ons in huis hebben*”, zij keken elkaar veelbetekenend aan ,streken onze hand over het hart....*natuurlijk*....onder de voorwaarde dat de bedoelde buren er geen bezwaar tegen hadden dat Pluimpje in het vervolg ons huis gebruikte als uitval basis. En...de kinderen moesten het beest van eten voorzien, wat zij uiteraard kochten, en zij moesten zijn bak schoon houden.

Welnu, aan de eerste voorwaarde was snel voldaan, maar toen raakten de kinderen waarschijnlijk de tel kwijt, en mochten zij voortaan de taak op ons nemen om dat beest “rijkelijk” van voedsel te voorzien alsmede de bak schoon te houden.

Pluimpje was een slome, onverstoorbare zwart-witte kater van ondefinieerbare leeftijd met een behoorlijke omvang. Hij was amicaal, niet alleen voor de kinderen maar ook voor ons en reisde ieder weekend mee naar een plaats dertig kilometer verderop, waar zij een ander huis hadden gekocht en wat zo nodig opgeknapt moest worden. Hij ging iedere keer mee in een mandje en vermaakte zich uitstekend tussen het alom aanwezige puin en afbraakhout en, zoals al gezegd: hij was een onverstoorbare slome duikelaar. Zijn naam was Pluimpje maar vaak noemden wij hem "Straatkat" als hij weer eens een nachtje achter de meiden aangezeten had. Dan sloop hij met zijn buik over de grond naar veiligere oorden om de "netjes" te drogen na dat nachtje "vissen". Niet dat de meiden hem nu zo interessant vonden, maar hij dacht van wel, en we hebben hem dan maar ook in die waan gelaten.

Toen zij de tand bekeken overviel ons een onaangenaam gevoel, de tand wasniet enkel gebroken, maar meer het resultaat van een verzwering die ook nog behoorlijk stonk. Wij zijn nog bij een dierenarts te rade gegaan maar die kon enkel adviseren om dat beest maar in te laten slapen……het was net of wij van een goede vriend afscheid namen…….

Na het heengaan van Pluimpje kwam dus het idee op om dan maar direct een andere kat in huis te nemen maar dat werd door ons met een veto geblokkeerd met als reden, dat een huisdier geen TV of kookwekker was die even van een nieuwe printplaat voorzien weer als nieuw is. Noodgedwongen legde iedereen zich hierbij neer. Wij waren intussen verhuisd. Onze oudste dochter was getrouwd en onze jongste dochter stond op het punt om het nest te verlaten. Bleef alleen onze zoon nog over en hij was het minst van ons veto gecharmeerd daar juist hij ieder avond het lijdend voorwerp was, althans zijn schoot, om tijdens het dagelijkse televisie-uur dienst te doen als slaapplaats ce ku rustplaats.

Hallo, hier ben ik dan weer, je weet wel: *Pluimpje* . . . . . ik zit nu droog en wel in de kattenhemel. . . . *Kattenhemel* ? vraagt U zich af. Ja natuurlijk, je hebt toch ook een mensenhemel, of niet soms. Het is hier heerlijk rustig, en daar ik toch weinig om handen, sorry, om "poot" heb en aangezien hier geen muizen te vangen zijn, zal ik jullie verslag doen van wat er verder in mijn voormalige "aardhuis" zoal ging gebeuren.

Het zit namelijk zo. Je hebt er een kattenhemel en een aparte muizenhemel, er zijn geen kattenluikjes aanwezig en evenmin muizenholletjes.

De reden is, dat de lieve Heer bij de schepping flink in de fout is gegaan en katten en muizen tezamen op de aarde gezet heeft, met als gevolg dat het roemruchte muizenras op een haar na uitgeroeid was. . . . . Dus om erger te voorkomen, de strikte scheiding in de hemel.

Ruim anderhalf jaar later kregen Jip en Jan, zo zal ik mijn voormalige gastouders, maar noemen,(niet de bekende Jip en Janneke – dit blijkt namelijk een heel ander verhaal te zijn – nee gewoon). . . juist, toch weer het gevoel dat zij maar eens aan een nieuwe huisgenoot moesten denken.

Zij hadden hun zinnen gezet op een raskat...*Waarom*? geen idee. Dus kochten zij wat boeken en gingen alle rassen af, de Naaktkat viel om bekende redenen direct af en ook de Pers, daar laatste vaak problemen heeft met de zo typische platte neus. Ook de Siamees en aanverwante artikelen kwamen niet in aanmerking wegens hun luidruchtigheid. Eén ras wekte uiteindelijk hun meeste belangstelling, namelijk de *Karthuizer,* in de wandelgangen ook wel British blue genaamd. Deze katten lijken in hoge mate op elkaar maar er zijn toch duidelijke verschillen tussen de ene benaming en de andere.

Op een gegeven moment lazen zij in een locale krant dat er in een van de volgende zondagen een grote kattententoonstelling in het Rotterdams Ahoi-complex gehouden zou worden. Dit leek een goede gelegenheid om wat fysiek kennis maken met de verschillende kattenrassen te hebben .

Het was inderdaad een behoorlijke tentoonstelling met wel duizend katten en bijna alle rassen waren volop vertegenwoordigd. Nu waren zij weliswaar op "kattenjacht" maar zou dat niet zo geweest zijn, dan is zo'n evenement toch heel interessant om te

zien, zeker als je deze dieren een warm hart toedraagt.

Hallo; hier Pluimpje, *Sorry*, mag ik er even tussen komen, ,- *wat is er dan?* –Die mensen gaan weer een kat in hun huis nemen, - *en vind je dat zo vreemd*, Nee natuurlijk niet, is tenslotte hun goed recht, - *wat ben jij slim hoor! en waar slaat dat nu allemaal op, wat had je eigenlijk te zeggen* - Nou, aangezien Jip en Jan weer een kat in huis nemen, - *ja dat weet ik nu wel*, - meer nog; zij gaan in de tijd gezien zelfs twee katten nemen, - *hoe weet jij dat nu al* - dat zal ik uitleggen : vermits ik toch verder niets om handen, sorry om "poten" heb, dacht ik dat ik voor deze twee katten een "Engelbewaarder" zou kunnen zijn,- *Engelbewaarder? Hoe kom je daar nu bij* ! - Nou dat heb ik van het uitzendbureau, je weet wel dat bureau dat Engelbewaarders uitzendt ! - *nooit van* *gehoord* – nee ? de Engelbewaarder moet toch ergens van weten waar hij terecht kan om efficiënt zijn taak te kunnen vervullen, of niet soms – *ja hoor slome ! je zal wel gelijk hebben, en nu even uit het beeld, wil je* - Zij hadden intussen bij verschillende kwekers informatie opgevraagd, hadden wat van de Karthuizer kitten op de arm gehad! Toch was er geen kweker die op korte termijn een nestje had, of het was reeds bij voorbaat bestemd, dus uitverkocht. Weliswaar was hier en daar nog een poesje beschikbaar maar zij wilden persé een kater, niet om er mee te kweken maar juist als maatje. Toen ging de luidspreker voor de zoveelste keer om aan te kondigen dat weer deze of gene kat beoordeeld was als kampioen of zelfs grootkampioen dus nu ook weer, en daar keken zij van op. Het was nu de beurt van een nest Karthuizer kitten die een eerste prijs in de wacht sleepten. Met onze ogen volgden zij die vrouw die de prijs en kitten in ontvangst mocht nemen en kwamen bij haar stand terecht, wat verderop in de hal. Ook zij had geen nest beschikbaar en dat winnende nestje was helaas verkocht, maar zij voegde er in een adem aan toe, dat er nog een nestje binnenkort op komst was, en als zij echt belangstelling hadden, kregen zij de eerste keus beloofde ze. Na uitwisseling van wat adresgegevens belde deze vrouw inderdaad enkele weken later. Maar zij mochten de kitten pas zien als de ogen open waren; dus op het moment dat zij zelfstandig rond konden scharrelen. Na enkele weken met spanning afgewacht te hebben, kregen zij tussentijds nog een telefoontje met de vraag of zij er zeker waren dat ze er niet mee zouden willen kweken, en/of plannen hadden om aan tentoonstellingen mee te doen. Op beide vragen was het antwoord natuurlijk ontkennend, als reeds eerder gememoreerd, maar waarom de vraag?

Het hoge woord kwam eruit. Een van de voorouderlijke dames heeft mogelijk een onderonsje gehad met een "blanke" kater, met als gevolg dat Donar voor op de borst een witte plek had en dat is in kwekerskringen het doodvonnis voor het desbetreffende

beest. En als zij hem toch willen hebben mocht hij blijven leven. Het was voor hen geen enkel probleem; het karakter verandert er niet door. En dan was de dag aangebroken dat zij konden kijken en kiezen voor ons nieuwe maatje. In de tussentijd hadden zij een hele opsomming van namen gehad, maar de winnende naam was niet van Jip maar van de cattery die ieder kitten een mythologische naam meegaf en in dit geval was dat DONAR de dondergod van de Germaanse volksstammen.

Zo nu neem ik Pluimpje, de engelbewaarder, het wel weer over :

Officieel was zijn naam:

Blue Donar de mas de Charrou

Hoewel hij de naam van een God droeg, gedroeg hij zich gewoon zoals het een Karthuizer betaamt .

Na zoveel weken in spanning afwacht te hebben, was dan de dag aangebroken dat zij Donar mee naar hun huis konden nemen. Het was een kleine wollen-bal die schijnbaar direct aan hun gewend was. Ook vond hij de autorit van zo'n honderd kilometer best wel interessant.

Hij mocht bij de Jan op de arm . . . . . het was dan ook de enige keer dat hij zijn "baas" was, de rollen waren al snel omgekeerd . . . .zitten tegen de oude trui aan, die trui die de langste draagtijd ooit gekend zou hebben.

Thuis aangekomen zou je verwachten dat hij direct op onderzoek zou gaan, maar niets was minder waar. Hij stekkerde regelrecht naar de keuken waar reeds een etensbak gereed stond, niet dat oude stuk afgedankte serviesgoed maar een splinternieuwe bak in de vorm van een ergonomisch verantwoord en speciaal voor katten ontworpen aardewerken schotel. Hij keek hen vervolgens met zijn toen nog blauwe ogen vragend aan "*waar blijft de inhoud, ik heb een enorme trek na die lange autorit*" Na zijn eerste maal in hun huis genuttigd te hebben keek hij even rond en koos toen maar de bank (die hij met enige moeite opklauterde) en ging slapen zonder verder naar Jip en Jan om te kijken . . . Zij stonden perplex, het was net als of dat die nieuwe omgeving hem verder niet interesseerde of dat hij dacht: "*ik heb nog zo veel tijd om dat allemaal te bekijken*"…..of….was dat een van de verschillen met een gewone huiskat, zij zullen het nooit te weten komen.

Boris kwam in hun leven in een tijd dat er ene Boris Jeltsin was je weet wel die Boris, die op en tank klom om het Russische volk toe te spreken, in een tijd dat Boris Becker triomf vierde met zijn balletjesmepperij, in een tijd dat Boris Pasternak zijn zoveelste nieuwe boek signeerde en nog een paar Borissen die deze of gene daad hadden verricht die door de media zo nodig wereldkundig gemaakt diende te worden. Ruim een jaar nadat Donar was ingeslapen, voelden zij steeds meer de leegte in huis, het was net of er iets ontbrak. Intussen was het internet ontdekt en dat bleek nu ook weer een nuttige weg te zijn naar allerhande catteriëen hier te lande. Ook nu bleken er niet zo veel nestjes beschikbaar te zijn dan zij hadden verwacht. Uiteindelijk vonden zij toch nog een cattery in een plaats wat verder in het land. Met de huidige vervoermiddelen was die afstand van rond tweehonderd kilometer een peulenschil. Het was een kleine cattery met een enorme kater en een aantal dames, het leek net Ali ibn Baba bin Laden en zijn harem. Via het achterraam van de desbetreffende woning hadden zij een goede uitkijk naar de verblijven van de katten, met als voornaamste object de bewuste kater die in het schuin invallende licht van de namiddagzon zilverblauw van kleur scheen, een pracht dier. De dames waren duidelijk veel kleiner maar qua kleur niet minder fraai dan hun *Heer.* In tegenstelling tot de cattery waar Donar vandaan kwam, kon je hier zelf een naam kiezen en -U raadt het al - juist. Toen hun kleindochter hoorde dat zij een kijkje zouden willen nemen, wilde zij perse mee, zij had al van het prilste begin van haar leven een grote affiniteit met alle soorten beesten maar specifiek met paarden, het zat er gewoon in.

Toen zij bij de "katten" mevrouw kwamen was het een en al gekriebel van onhandige wollen pluizen die over de vloer, de bank en de tafel bibberend en wankel voortbewogen. En een keuze was snel gemaakt door . . . . . . .hun kleindochter

De tijd verstreek en

Donar groeide als kool, had nu goudgele grote ronde ogen een dikke vrij korte staart en een mooie bijna blauwe vacht die in twee lagen zijn huid bedekte. Alles wat zij in de literatuur over dat ras hadden gelezen kwam geheel overeen met de werkelijkheid, alleen van op schoot liggen was geen sprake en. Het altijd verplicht even op de arm nemen daar baalde hij duidelijk van, je zag dat direct al aan zijn gedrag. Toen hij zo'n twee jaar was kreeg hij wat problemen, naar dat zij dachten aan zijn ingewanden, maar het bleek dat een minder goed werkende schildklier de boosdoener was. Hij had al snel geen zin meer in de dagelijkse kattenbrokken. Het kleine stukje vlees dat hij zo af en toe kreeg was meer in trek, dus de hoeveelheid van dat voedsel breidde al snel uit tot de dagelijkse maaltijd.

Nu kreeg hij nooit varkensvlees maar enkel dat van een rund of van schapen, en het hierin aanwezige vet was dus de aanleiding van zijn schildklier problemen. Na overleg met de dierenarts mocht hij wel vlees hebben maar moesten zij al het vet eruit snijden Zij hadden in die tijd nog de oude keuken met naast het gewone aanrecht ook nog een bar met een verhoogd blad, omdat zij ooit plannen koesterden om zittende op twee krukken – ieder op een wel te verstaan- dit als ontbijt locatie te gebruiken. Bewuste krukken zijn er nooit gekomen, ja zo gaat dat.

Normaliter deden zij op zaterdag de wekelijkse boodschappen (ze werkten beiden) en brachten dan uiteraard de wekelijkse hoeveelheid vlees mee die Donar zou verorberen. Het was iedere week weer een sport, hij wist precies welke dag zij boodschappen deden en wanneer zij weer terug waren; dat hoorde hij waarschijnlijk aan het geluid van de auto. Nadat zij alle inkopen binnen hadden gedragen werd een en ander aan een intensieve inspectie onderworpen. Stel, dat zij . . . dus Jip en Jan . . . het vlees hadden vergeten, dan zouden zij net nog even naar een winkel kunnen gaan om alsnog hun vergeetachtigheid goed te maken . . . maar zij vergaten het nooit.

Na de algemene inspectie was het uitpakken geblazen en zag je Donar op de verhoging van de bar verschijnen,

wetende dat het vlees ook nog gesneden moest worden.

Dat vlees snijden was iedere keer weer een hele ceremonie, en dat Donar in al die jaren al zijn vier poten behouden heeft is enkel maar aan het geluk en de behendigheid van Jan – die sneed het vlees altijd - te danken, Donar viste namelijk het vlees van onder het mes vandaan.

In de tijd dat zij nog in hun oude huis woonden was het plein achter het huis de geijkte speelplaats van de kinderen uit de buurt en Pluimpje was daar ook altijd te vinden. Aangezien Jip en Jan het een beetje 'aso' vonden om de kinderen voor het eten te roepen door over de straat te brullen, floten zij gewoon. Het was neutraal en Na dit enkele keren gedaan te hebben was het mogelijk om niet enkel de kinderen maar ook de kat naar huis te roepen. Deze gewoonte trokken zij ook door bij Donar en hij luisterde vanaf zijn jongste leeftijd. Ze vonden dat hun kat(ten) s'nachts binnen behoorden te zijn, en het aantal keren dat Donar in zijn tienjarig leventje een nachtje gespijbeld heeft is op de vingers van een hand te tellen.

Donar kwam altijd, nou ja altijd, hij vond bij zijn weg naar de achterdeur, vele momenten om ergens aan te ruiken voordat hij uiteindelijk binnen was. De korte toevoeging "Stalin"! wou weleens helpen deze weg, in tijd gezien, wat in te korten.

Na de nodige afspraken gemaakt te hebben konden zij eindelijk

Boris ophalen. Net als bij Donar verbaasden zij zich over het feit dat hij geen enkele reden zag om eerst het huis te verkenen sterker nog het kwam hun over als en Déjàvu. Later zouden zij ontdekten dat er meermomenten waren die soms griezelig eng aan een soort reïncarnatie deden denken. Tijdens de rit naar huis was het een al protest tegen het rijden in een auto, en dat is zijn hele leven zo gebleven. Hij had niets met auto's, en dat was dan ook het grote verschil met zijn voorganger.

In de tijd dat Jip en Jan. . . . .

Donar hadden, woonde hun moeder(schoonmoeder) in een grote stad en gingen zij soms wel tien keer per jaar voor een weekeinde naar toe, en telkens ging Donar mee, hij vond het prachtig. Het begon altijd hiermee dat hij ging liggen in de nek van de Jip, - Jan moest zoals gewoonlijk het stuur vasthouden. Ga er maar aanstaan een uur lang of langer ruim vijf kilo kat op je nek te hebben. Toch voelde Donar het op een gegeven moment aan dat het genoeg was en vertrok na zo'n klein uurtje naar de achterbank, om zich stevig tegen de armsteun vast te zetten, wetende dat hij anders – uit ervaring "wijs"geworden, - bij de eerste de beste bocht met zijn snufferd tegen het portier zou belanden. Op het moment dat zij de grote stad binnen reden was hij er weer bij om staande tegen het raam geïnteresseerd te kijken. Na een paar keer stad'ten kon je aan zijn gedrag bemerken dat hij wist dat ze op de plaats van bestemming waren.

Ook hier wist hij direct de afdeling "*voeding*" te vinden om vervolgens een keuze te maken uit het aanwezige zitmeubilair, om na een intensieve was en likpartij verder te gaan met hetgeen hij in de auto was begonnen. . . . slapen, of in ieder geval te doen alsof. Ook was er een tuintje – wat heet tuintje, - een uit de kluiten gewassen postzegel meer niet – achter de benedenwoning, en bij mooi weer stond de achterdeur open om zo de zon, de geur en de geluiden van de stad binnen te laten.

Natuurlijk waren ook hier de achtertuinen, men zou bijna denken, vergeven van de katten, tot ergernis van de soms aanwezige honden op één of ander balkon. Donar was bepaald niet bang uitgevallen, maar verder dan de drempel geraakte hij niet en ruzie met een passerende kat ging hij wijselijk uit de weg door demonstratief de drempel te verlaten.

Boris Doux Toison, zo was zijn naam voluit, tuimelde regelrecht zijn nieuwe verblijfplaats in over de wat hogere drempel van de kamerdeur. Niet dat de drempel zo hoog was. neen . . . Boris was nog zo klein. Hij schommelde door de kamer en hoefde geen moeite te doen om zijn etensbak te vinden. Dat hij direct begon te eten was een teken dat de brokken zijn goedkeuring konden dragen.

Al de volgende jaren heeft zijn menu enkel uit Royal Canin brokken bestaan met s'avonds een half blikje Sheba, tenminste als het maar geen vis was want dat luiste hij niet. Hoewel de karaktereigenschappen vrijwel gelijk waren aan die van Donar was Boris toch een heel andere persoonlijkheid – in menselijke zin gesproken. Wel luisterde hij vrijwel onmiddellijk naar het bekende "fluitje" om hem te manen binnen te komen, terwijl Jip en Jan, steeds verbaasd waren over het feit dat hij vrijwel direct binnen kwam, zonder allerhande oponthoudjes en smoesjes onderweg naar de achterdeur. Het bleek later een gewoonte te worden, dat hij rond elf uur s'avonds ons een seintje gaf dat hij toch nog even naar buiten met broek af moest, om bekende redenen. Na zo'n kwartier floot Jan en hup; Boris kwam binnen – altijd. Boris was ook heel sociaal tegenover Jip en Jan de vogels in de tuin en de zo nu en dan in de tuin verdwaalde katten, behalve kikkers, - Zo af en toe zag je een enkele kikkers Ze schijnbaar een hekel aan water, want na een regenbui zag je ze over her terras springen, en zag je ze enkel bij het water als het tijd was om hun soort in stand te houden. *Het was sport hoor;* kwam zo'n kikker Boris, tegen of andersom dan was het voor beide een soort wedstrijd van "*hoe lang houd ik het uit om roerloos te blijven zitten*" . . De kikker won altijd van "*Ongeduld*" Boris die na verloop van tijd toch de kikker met zijn poot een zetje gaf. Opmerkelijk is dat de kikker er altijd ongeschonden en levend vanaf kwam, vaak ook door een vertwijfelde duik in een dichte begroeiing van de tuin. . . . . De tijd vervloog en ;

Donar werd rustiger, je zag hem nog maar zelden in de klimop en. Het met hoge snelheid achter een vogel aan gaan beperkte zich meer en meer tot een sukkeldrafje wat de vogel de gelegenheid gaf om uitdagend, zo lang mogelijk te wachten om op te vliegen. Ook het dagelijkse "rossen", lekker met de hand over zijn rug wrijven was minder in trek; meer nog hij probeerde onder je handen weg te komen. Donar was nu rond de tien jaar en dat is voor een raskat, de uitzonderingen daar gelaten een behoorlijke leeftijd. . . . .

Wat de vogels betrof was

Boris niet alleen sociaal ingesteld maar ook tolerant. Dit openbaarde zich in de winter als zij, zoals gebruikelijk, de vogels van allerhande voeding voorzagen om ze in tijden dat er in de tuin niets te vinden was zij toch de winter door te laten komen. Zij hadden vlak naast het terras een voederhokje waar je ieder ochtend zwermen spreeuwen, vinken en mussen op afkwamen door vanaf het licht worden geduldig te wachten tot dat zij eindelijk de voederplaats bevoorraadden. Boris ging dan altijd mee, maar bleef netjes op z'n twee meter afstand het gekrioel van de etende en vechtend vogels gade te slaan. Alsof de vogels het wisten zij gingen rustig, maar wel alert, door met eten. Het was in het daaropvolgende voorjaar- de eerste jonge vogels vlogen uit het nest- dat er opeens een jonge Merel met zijn gele snavel onze bank in de huiskamer als zitplaats had uitgekozen. Hij was mogelijk door de open deur hierheen verdwaald. Toen zij hem oppakte om hem naar buiten te brengen kwam Boris de kamer binnen, nog maar net wakker van zijn middagdutje. Hij lette in zijn geheel niet op de in onze hand piepende Merel maar liep wel mee naar buiten alwaar zij de vogel in een hoekje van de tuin neerzetten zodat zijn ouders hem verder konden voeden. Boris stond belangstellend dit alles te volgen en liep ineens met een vaartje richting Merel, zij dachten dat was Merel - maar neen - toen de kat op zo'n pakweg twintig centimeter de vogel was genaderd trok die opeens zijn gele bek open. De kat schrok duidelijk en was in een zucht en een scheet verdwenen naar de keuken zonder verder naar de vogel om te zien. . . . Opmerkelijk zo'n gedrag hadden zij niet eerder mee gemaakt. Ook is hij wel eens door een volwassen Merel de keuken ingejaagd .

Zij zeiden altijd: *zij hebben twee soorten Lijsters in de tuin, namelijk een* Zanglijster en *een "Schijtlijster"* Boris dus. . . . .

. . . .

Het ging sluipend en de eerste tekenen dat het met

Donar niet goed ging was dat hij op een zaterdagse vlees-snijderij schijnbaar moeite had om op de bar te springen om te helpen het vlees te snijden, hij had nooit een probleem om in een jump op de ruim een meter hoge bar te springen, maar opeens stond hij

weifelend en hulpeloos tegenop te kijken.

Verder viel hun op dat hij eigenlijk meer dan gewoonlijk op het vloerkleed lag en niet op een stoel of op de bank.. Zij schonken er in eerste instantie geen aandacht aan tot op een moment dat zij zagen dat hij sleepte met zijn achterpoten. De kerst naderde . . . zij hebben toen maar de dierenarts consulteerde die hen naar een bekende clinic verwees waar men gespecialiseerd was in de gebeenten van kleine huisdieren. De diagnose van de behandelde arts was kort en hard: *"degeneratie van de wervelkolom, en geen uitzicht op herstel"* De rit naar huis was stil en terwijl Donar op de achterbank lag, gingen hun gedachten: *wat nu.* . . . .

Boris was intussen ook de leeftijd van veertig mensjaren gepasseerd , en toonde steeds meer verrassend gedrag welk zij nog nooit eerder bij een kat waren tegen gekomen. Hij liep als een hondje achter Jan aan en had altijd de volle aandacht. Des middags, zo rond een uur of drie was het computertijd en voordat de computer goed en wel opgestart was, lag hij al met zijn dikke lijf op het bureau en moest Jan rondom hem heen zijn werk doen . . . Hij verdomde het om even op te schuiven . . . . .wat doe je dan? Zijn eten was nog steeds hetzelfde menu, maar nu had hij iets anders bedacht . Aangezien Jan gewoonlijk vroeg op was, was het zijn taak om de ontbijttafel aan te zetten met de hele riedel zoals tafelkleed, borden etc. en. Dit nam een halve tafel in beslag terwijl op de andere helft het opgerolde tafelkleed lag. Nu moeten ik zeggen dat zij alles op het aanrecht in de keuken als op de tafel konden laten liggen daar noch Donar noch Boris er ooit iets van hebben gestolen. Zeker Boris niet, die lustte niets anders dan zijn brokken en ook met het smakelijkste stuk rosbief kon je hem niet echt verleiden. Het begon er mee dat hij tijdens het ontbijt via een aan tafel staande stoel op het niet gedekte deel van de tafel sprong, en Jip dat niet goed vond. Vandaar dat hij in het vervolg niet verder kwam als de stoel, maar wel met zijn voorpoten tot aan de ellebogen op tafel.

In het begin nam hij wel een bijna onzichtbaar stukje kaas waarop hij net als een bok op knikkers kauwde Toen zij hem een klein stukje brood met boter en Engelse (bittere) jam voorhielden bleek dat een schot in de roos, en vervolgens zat hij eerder aan tafel dan zij . . . . . .

De toestand van . . . . .

Donar verslechterde met de dag , hoewel hij toch nog goed at was het een en al droefenis om te zien hoe hij uit zijn bak kwam, zijn achterlijf meeslepend. Maar ja ze wilden het zo

lang mogelijk uitstellen, zo egoïstisch waren ze dan ook nog. Maar daar had het dier uiteindelijk geen boodschap aan; *deze lijdensweg moest eindigen.* . . . . . .
.Zij namen nog even de tijd om zijn geliefde trui, waarop hij de laatste tien jaar zo vele uren op had doorgebracht, nog één keer te wassen en nog één keer een dag dragen om de "geur" erin te krijgen . . .

Het nieuwe jaar had voor hen geen goed begin en ze hoopten dat ze het goede besluit hadden genomen, niet voor hen zelf maar voor een vriend en maatje want, dat was hij zeker . . . .

Zij hadden intussen een caravan oftewel sleurhut aangeschaft, weliswaar een oud beestje maar nog in puike conditie. Gezien het feit dat Boris de enkele autoritjes naar bijvoorbeeld de dierenarts als niet erg geslaagd had ervaren – oordelende naar de vele droeve liederen die hij ten gehore bracht –bleef hij tijdens hun trektochten thuis onder de zorg van een welwillende buurvrouw. Aangezien zij beiden niet langer deel namen aan het productieve leven en meer het Zwitser Leven gevoel hadden, was het geen optie om de, toch al wat oudere buurvrouw steeds maar weer als oppasmoeder te vragen. Dus moest er een alternatief gezocht worden in de vorm van: *"Boris moest maar mee tijdens hun kampeer exercities"*.

Ze hadden een lang weekend gepland in de bossen bij Loenen, duidelijk een camping voor vaste staanplaatsen, maar we hadden uiteindelijk toch een mooie plaats op het terrein voor doortrekkers. Hoewel zij het bos niet in mochten vanwege de op dat moment heersende MKZ, hadden zij het best naar ons zin.

Tijdens de urenlange rit naar Loenen heeft Boris ons verrast door de hele top honderd ten gehore te brengen. Hij bleef, daar aangekomen, los, netjes rond de caravan hangen, zodanig dat hij ieder moment de veilige voortent kon invluchten. Tegen de avond hebben zij de voortent toch maar "kattendicht" gemaakt, je weet maar nooit. Toch bleek de andere morgen dat meneer s'nachts op stap is geweest want een van de plakstroken waarmee zij een zijflap vastgezet hadden, was los.

Ook de daarop volgende nachten was het weer prijs. Toch lag hij s'ochtens netjes op hun bed, doodmoe van de slaap. Zij ontmantelden hun hebben en houden om huiswaarts te keren. Kat in de auto – onder protest natuurlijk – caravan aanhangen en rijden maar . . . . Dus niet, kat was'm gesmeerd en niet te vinden, dus caravan maar weer losgekoppeld en maar wachten. . . . . Ja hoor, de andere morgen was meneer er wel. Het ceremonieel herhaalde zich, maar nu zat Boris in de auto in zijn tuigje en aan een stoel. . . . . .U raad het al, bij het instappen weer de kat weg, hij was gewoon panisch van die heilige koe.

Zij moesten naar huis en hebben toen maar een briefje op het informatiebord geplakt met het vooruitzicht van honderd gulden beloning voor info. Thuis gekomen hebben zij nog contract gezocht met diverse locale instanties die met dieren te maken hadden . . . . Ruim drie weken na het onfortuinlijke verdwijnen van Boris kregen zij plots een telefoontje van iemand met een onmiskenbaar Mokums accent die vroeg of het zo'n blauwgrijze kat was . . . .*Ja, ja!* . . . . Nou die ligt onder onze caravan Zonder zich te bezinnen sprongen zij in de auto en arriveerden daar kort na de middag, en na wat zoeken hadden zij de beller gevonden.

Hun mond viel open, het was een Amsterdams stel die schijnbaar een militaire loopbaan in gedachte hadden maar die uiteindelijk, als ongeschikt, afgewezen waren. De hele caravan, een ding van ondefinieerbare leeftijd, met hier en daar aangroeiing van mos en algen aan de buitenkant, ging verder schuil onder een enorm dubbeldik gevouwen camouflagenet van duidelijk militaire oorsprong. Ook hun auto, een lelijke eend die qua leeftijd met de caravan kon concurreren was eveneens in camouflage kleuren geschilderd, en U begrijpt het wel; de beller en zijn vrouw ook. Niet geschilderd, maar ze paradeerden in uit een dump verkregen kledij inclusief "boot's" (Schoenen dus) rond. Hij was fietsenmaker en woonde in een bepaalde straat in Amsterdam, en het toeval wilde dat zijn woning precies tegenover die van hun moeder(schoonmoeder) die er ooit woonde, stond. Dat schept natuurlijk een band, die na een aantal jaren met

het uitwisselen van nieuwjaarswensen nog steeds bestond.

Het was inderdaad Boris, en zij noemen hem *"Kareltje"*. De "militair" lokte hem vanonder de caravan vandaan, iets vermagerd maar verder zag hij er gezond uit. En nu direct in het mandje, deksel dicht en verder geen risico meer.

Die mensen kwamen er ieder weekend en hadden een ruimte onder de caravan, die meestal dicht getimmerd is, aan één zijde open gelaten en. De ruimte eronder was met een laag stro en bladeren gestoffeerd. Als zij er waren was er voor ieder dierensoort eten; wortelen voor de konijnen, graan voor vogels en muizen en brokken voor de katten, waarvan er meer schenen rond te lopen.

Je kunt lachen om dat soort types, maar het zijn vaak mensen met een gouden hart, hoor. Na een kopje koffie gaf Jan hem die in het vooruitzicht gestelde honderd gulden. Hij glunderde en zegt met een van drankvervormde stem: "*zij mogen graag eens een stickie roken dus dat komt goed uit*" (het geld) nou ja zij hadden er geen moeite mee, er zijn er bosjes die een stickie roken en het wordt ook – als prettige bijkomstigheid - nog door de overheid gedoogd.

Het was toch nog laat geworden, en de avond was reeds gevallen toen zij thuis arriveerden. In tegenstelling naar wat zij gewend waren liet Boris tijdens de reis weinig van zich horen, maar dat veranderde al snel op het moment dat zij met de auto voor de deur stopten. Om geen verder risico te lopen deden zij de mand pas open in de woonkamer om de "brulboei" in vrijheid te stellen. Zonder verder naar hen om te zien liep hij naar zijn etensbak, constateerde dat er voldoende brokken in zaten keerde op zijn schreden terug en sprong op de bank om zich uitgebreid te wassen. Jip en Jan keken verbaasd. Geen enkel teken van berouw of de minste sprank van blijdschap dat hij weer thuis was. Ook maalde hij niet om de honderd gulden die zij betaalt hadden . . Nee meneer ging slapen en deed als of er niets gebeurd was. Nou ja gelijk had hij: zij waren inderdaad heel blij dat hun "*kind*" weer terug was.

De andere morgen heeft Jip hem maar eens goed gekamd onder het nodige commentaar, en op Teken gecontroleerd - je weet maar nooit al die weken in het bos – en hij zag er weer stralend. Daarna stond hij weer bij de kamerdeur te wachten van : "*komen jullie nog bedden opmaken*" En voordat zij nog maar de onderste trede van de trap naar boven betreden hadden was hij al boven. Volgens Jan raakte hij enkel de onderste en de bovenste trede, zo rap ging dat. Zelf zo snel dat, aangeland op het bed, hij nauwelijks kon remmen en keer op keer tegen de muur aan het hoofdeinde van het bed blunderde. Als je niet zeker wisten dat het een kat was zouden ze denken dat het een ezel was "*die stoot zich*". ja dat kennen jullie wel. Het opmaken van het bed, een dagelijks terugkomend ceremonieel, was weer een feest, voor beide partijen.

Gedurende hun latere trektochten en ook tijdens een wat langer durende reis mocht hij bij hun buurman/vrouw logeren, beiden kende hij goed daar zij vrij regelmatig over hun vloer kamen, en het voornaamste was, dat hen net zo goed kon hij zo goed regeren als Jip en Jan. Er werd naar zijn ogen gekeken, met als gevolg dat hij met duidelijke tegenzin weer mee naar huis ging.

Boris was intussen ook al de zeventig mensenjaren genaderd toen zij op een gegeven moment zagen dat er iets aan zijn oog was. Ze dachten in eerste instantie dat er een of andere takje of iets dergelijk tegenaan gekomen was.

Het leek een soort krabbeltje, niet zo bijzonder maar hij scheen er last van te hebben. Naarmate hij er meer last van kreeg kwamen zij uiteindelijk, via hun dierenarts terecht bij een oogarts in de dierengeneeskunde te Antwerpen, waar bleek dat er een scheurtje in zijn oogvlies was. Dat kwam niet van een of andere takje meende de doktor die het scheurtje vakkundig repareerde. . . . . .Wat een geduld had dat beest.

Hoewel dat nu in orde leek bleef Boris toch sukkelen, werd steeds lustelozer, at weinig en bleef maar op zijn stoel liggen. Bij een onderzoek in een dierenkliniek bleek hij kanker te hebben , tenminste dat opperde de desbetreffende arts aan de hand van een scan die hij had gemaakt, zij waren onthutst. Ja, dat oog was mogelijk het eerste symptoom geweest meende hij. De arts memoreerde dat er een soort chemo-kuur mogelijk was, maar daarvoor moesten zij naar Gent.

Zij zagen dat niet direct zitten mede door het feit dat Boris het laatste halve jaar reeds veelvuldig en geduldig allerhande onderzoeken had ondergaan en zij het welletjes vonden om het dier verder te pesten . . . . . Zo ver mocht hun ego niet gaan.

Het ging verder redelijk tot zij op een dag ontdekten dat hij aan één oog blind was, kort erop gevolgd door blindheid aan het andere oog. Het was werkelijk zielig om dat te zien. Ondanks zijn handicap wandelde hij nog dagelijks even naar de tuin, en zolang alles zo was als hij gewend was ging dat goed, ook in huis. Zij hadden even hoop. toch verslechterde zijn toestand onverwachts snel en ze moesten toen toch besluiten om hem in te laten slapen.

Wie zo een besluit ooit eens heeft genomen weet het beste hoe zij zich voelden. Hij sliep rustig in hun armen in en ligt bij Donar in de tuin en. Gek hoor, als Jan langs die plaats loopt zegt hij vaak "*hallo jongens*"

Wij besloten om even geen ander dier in huis te nemen. Er was heel even, maar dan ook heel even sprake van een hond, gezien het feit dat je die mee kunt nemen in de caravan. Mede het gegeven dat ze, pak hem beet, tien jaar lang dagelijks minimaal drie keer mee rond zouden moeten kwam dit onderwerp verder niet meer ter sprake.

Ja, het is ook jammer voor hun Engelbewaarder, die hadden zij intussen al ontslag aangezegd . . . . .hij begreep het.

Het is nu drie jaar geleden, en zij lazen net in een of ander tijdschrift dat er binnenkort ergens een tentoonstelling van Karthuizer en British Blue katten is, Zij zullen er zeker aanwezig zijn. En het zal hen niet verbazen als er binnenkort weer zo'n blauw wollenballetje over hun vloer loopt, en mogelijk kunnen zij dan de Engelbewaarder weer in dienst nemen.

Wie weet

Epiloog

Sommige lezers zullen wel denken; dat allemaal over een beest, en andere zullen daaromtrent een soort herkenning beleven.

Het waren niet enkel de beschreven katten die een opmerkelijk gedrag vertoonden, nee, men ziet dat niet enkel bij rasdieren maar kan dat ook bij wat zij laatdunkend, 'vuilnisbakras' noemen.

Zij dichten vaak menselijke eigenschappen zoals *trouw en eerlijkheid* toe aan onze huisdier en zij moeten zeggen dat deze eigenschap bij katten onvoorwaardelijk is terwijl dit bij mensen helaas sterk in twijfel getrokken moet worden.

Hier nog een rasomschrijving

De Karthuizer of Chartreux is een blauwe, kortharige kat van een stevig type. Over de herkomst en de naam bestaan veel verschillende hypothesen, maar geen enkele is onomstotelijk bewezen. Feit is dat er in de 16e eeuw al melding gemaakt werd van blauwe, kortharige katten die zowel in Rome als in Frankrijk voorkwamen en in de 18e eeuw dook de naam Chartreux regelmatig op in diverse boeken en artikelen als men het had over blauwe, kortharige katten uit Parijs. Naar verluidt zouden deze katten afkomstig zijn uit een geïsoleerd liggende, bergachtige streek in Frankrijk met de naam Grand Chartreuse. In dit gebied is sinds de 11e eeuw de Orde van de Kartuizer Monniken gevestigd en in het klooster van deze monniken zouden sinds mensenheugenis al blauwe katten gehouden worden. Deze hypothese is zeer aannemelijk. In vroeger tijden hielden mensen alleen dieren die van nut konden zijn, en katten waren erg geliefd omdat ze de in groten getale aanwezige schadelijke knaagdieren binnen de perken wisten te houden. . De monniken zullen hierop geen uitzondering zijn geweest. Aangezien het betreffende gebied moeilijk te bereiken was, hebben de katten zich niet kunnen vermengen met katten van elders met als gevolg dat er in de loop van de tijd een populatie van nauw verwante sterk op elkaar gelijkende katten ontstond. Desondanks zijn er tot op de dag van vandaag nog geen bewijzen gevonden voor deze gang van zaken. Het ras is vooral in Frankrijk en België bijzonder geliefd. Op tentoonstellingen zijn vaak grote klassen te vinden. Buiten deze landen is de belangstelling echter vrij gering.

Kop: *de kop heeft een omgekeerde trapeziumvorm en is iets langer dan breed. De neusrug is recht, breed en lang en heeft geen stop. Volwassen katers hebben uitgesproken katerwangen.*

Ogen: *groot en mogen niet te rond zijn, de buitenste ooghoeken buigen licht naar boven toe.*

Oren: *middelgroot en staan hoog op het hoofd, wat de kat een alerte uitdrukking geeft.*

Lichaam: *middelgrote tot grote gespierde en stevig gebouwde kat, met name de katers maken een zeer forse indruk. Ze staan hoog op de poten en hebben relatief gezien grote voeten.*

Staart: *middellang en breed aan de aanzet, loopt taps toe in een mooie, afgeronde punt. Teruggelegd over de rug reikt deze tot aan het kuiltje tussen de schouderbladen.*

Vacht: *een dubbele, glanzende vacht met een enigszins wollige ondervacht. De vacht mag niet aanliggen, maar staat van het lichaam af en voelt zacht aan.*

Kleur: *alle nuances blauw tussen bleek blauwgrijs tot dieper blauwgrijs zijn toegestaan, maar de voorkeur gaat uit naar katten met een bleek blauwgrijze vacht. Op de neus, snorhaarkussentjes, de achterkant van de oren en aan de randen van de voetjes is de vacht meer zilverkleurig. De ogenkleur is* *goudgeel koper tot amberkleurig. De ogen mogen geen groene zweem vertonen, maar kleuren naarmate de kat ouder wordt wel wat lichter op.*

Karakter:

In grote lijnen komt het karakter overeen met dat van de Britse Korthaar. Het is een vriendelijke, goedgehumeurde kat met een evenwichtig en rustig karakter. Hij kan het goed vinden met soortgenoten maar ook de omgang met honden geeft weinig problemen. Katten van dit ras zijn prima speelkameraadjes voor kinderen, omdat ze zelden hun nagels zullen uitslaan als iets ze niet bevalt, ze zoeken eerder uit eigen beweging een rustig plekje op. Ze spelen en klimmen graag maar zijn niet zo actief als sommige andere kortharige rassen. Hun zachte, bijna bescheiden stemgeluid zullen ze slechts zelden gebruiken.

www.ingramcontent.com/pod-product-compliance
Ingram Content Group UK Ltd.
Pitfield, Milton Keynes, MK11 3LW, UK
UKHW020216250726
13967UKWH00001B/29

9 781447 732464